AF339835

FÉDÉRATION

DE

LA FRANCE

ET

DE L'EUROPE,

PAR M. BELLIER.

1er FÉVRIER 1831.

« Peuples, formez une sainte alliance,
» Et donnez-vous la main. »

BÉRANGER, *la Sainte-Alliance.*

VALENCE,

IMPRIMERIE DE L. BOREL.

1831.

FÉDÉRATION

DE

LA FRANCE

ET

DE L'EUROPE.

Considérations préliminaires.

Je compare la Révolution à un cheval fier et vigoureux : indomptable dans son principe, il prend le mors aux dents et brise toutes les entraves qu'on veut lui donner. Bonaparte vient : il le caresse d'abord, parce qu'il le craint ; puis il s'élance hardiment sur lui, saisit les rênes d'une main vigoureuse, lui enfonce l'éperon dans les flancs, les déchire, les ensanglante, sans qu'il bronche, sans qu'il lance une seule ruade.

Cependant le temps épuise des forces qui semblaient inépuisables, et le coursier tombe avec son maître, excédé de fatigues et de privations. Louis XVIII le relève, et quelques soins lui rendent bientôt sa vigueur première. Charles X veut le maîtriser, sans déguiser la peur qui le domine : le coursier s'en aperçoit et lance quelques ruades ; Charles donne un violent coup de bride pour l'arrêter tout court ; le coursier, d'un seul bond, l'étend à plat dans l'arène ; puis il retourne au petit trot vers son étable, malgré le fouet levé de quelques palefreniers qui semblent lui reprocher le trop de pétulance de sa dernière incartade. Enfin, un nouvel écuyer le monte ; le fier coursier redresse ses crins, il piaffe, il caracole de joie, et semble dire à son maître : *Une fois dans la bonne voie, j'irai mieux qu'on ne pense.*

La miraculeuse révolution de juillet vient de s'accomplir au milieu des applaudissemens de tous les peuples étonnés ; soudain quelques niais politiques, qu'on appelle *doctrinaires,* s'imaginent de la faire avorter. Sûrs de leurs intentions, ils vont disant tout bas que Charles est châtié d'une manière trop sévère ; les nouveaux sermens du parjure auraient suffi au bonheur de la France, et les voies doivent être applanies pour le retour du jeune duc, innocent des fautes de ses pères. Les provinces ne partagent point les vœux de la capitale; les *doctrinaires* les ont comprises. Oubliant leurs frayeurs aux jours du danger, ils ne rougissent pas de se proclamer seuls sauveurs de la patrie : les vainqueurs de juillet ne sont que des héros à blouse dont il faut se moquer; à-peine compte-t-on quelques centaines de blessés, et les souscriptions ne sont qu'une spéculation mensongère.

Leur haute intelligence ne saurait admettre qu'un intervalle de quarante ans nous sépare du mois de juillet, que les *deux cent vingt et un*, envoyés pour résister à Charles X, doivent nécessairement s'en aller avec lui : leur retraite serait une calamité, et la dissolution de la Chambre une ruine commune. A leurs yeux, la révolution de 1830 n'est point une conséquence de celle de 89; aussi se hâtent-ils de la traiter comme une fille posthume de la restauration, et leur génie sublime a le rare privilége de concevoir, de discuter, d'imposer une Charte dans un jour. Fruits du double vote, leur pensée ne rétrograde point vers les erremens de 91; elle revient tout naturellement aux principes de 1814 : au lieu de promulguer la constitution des peuples, ils contrésignent la charte des rois.

Leurs flancs s'entr'ouvrent pour enfanter un ministère. Incapable, il doute de lui-même ; imprévoyant, il jette aux siens la curée des places, et mérite ainsi leur appui. Les *doctrinaires* usent largement de ce privilége inespéré. Pour procéder avec plus de recueillement au partage d'une si riche proie, ils se réunissent rarement ; leurs discussions sont courtes, oiseuses et complètement étrangères aux grands intérêts de la liberté. Le porte-feuille des grâces est une arche sainte à laquelle nulle main profane n'a le droit de toucher. Aussi chaque député devient-il le point de mire des solliciteurs de son département. Une petite cour se forme autour de nos petits despotes ; on y vante leur haute sagesse, on y parle de dévouement ; un vote unanime doit les récompenser aux prochaines élections. Les intimes poussent la complaisance jusqu'à compter les noms de ceux qui osent parler de leur illégitimité, ce sont des parias indignes de recevoir la manne du ciel ; et si leur patriotisme dédaigne les faveurs, ce sont des républicains dignes acolytes des Dupont et des Lafayette.

Cependant l'indignation publique va croissant. Le ministère se divise ; il est dissout. Le nouveau est à-peine formé, que le président, auquel personne ne refuse des talens financiers, des intentions pures, se présente aux Chambres, une supplique à la main, demandant grâce pour le ministère de *la doctrine*, demandant grâce pour lui-même, puisqu'il va continuer ses erremens. La froideur avec laquelle le public accueille ce manifeste frappe le nouveau conseil; il cherche un homme, et cet homme, comprenant la position de la France, organise silencieusement les triomphes prochains de là liberté.

C'est en vain que l'ensemble du ministère cherche à faire de la popularité aux dépens de la Chambre élective, l'heure favorable est passée. Le système bon sous M. Guizot ne vaut rien entre les mains de ses successeurs. Il fallait alors dépopulariser la Chambre pour arriver à sa dissolution; mais au mois de novembre, la Chambre elle-même avait pris ce soin; tout était prêt, il n'y avait plus qu'à la dissoudre.

Aujourd'hui, nulle transaction n'est possible entre les élus de Charles X et les amis clairvoyans de la liberté; nul ministère ne peut se dire meilleur que la Chambre, avant la dissolution de cette même Chambre.

Quand il apparaîtra celui que les cieux tiennent en réserve pour nous sauver, son génie comprendra sans effort que les députés nommés sous l'influence d'un despote ne peuvent légalement régenter ses vainqueurs. S'ils eurent un mandat, ce fut celui de la nécessité, et la nécessité elle-même est provisoire. Le peuple a conquis sa souveraineté dans la Grande Semaine; où est-il l'acte légal par lequel il l'aurait abdiquée? Cet argument c'est l'évidence. Le moment n'est pas éloigné où un ministre habile, confiant en ses propres forces, sûr de la sagesse de la nation, osera l'interroger franchement. Où seraient les motifs de crainte? quel droit aurait-on de se défier d'un peuple qui, abandonné à lui-même, repousse ses tyrans, fait justice des malfaiteurs, contient les factieux. Les fastes des peuples ne présentent rien de si merveilleux, rien de si grand. Disons le hautement, tout ce qu'il y a de bien dans la révolution nous vient du peuple, et c'est à ses hauts fonctionnaires que nous devons ce qu'il y a de mal. Douter de la sagesse, de la maturité du peuple dans l'exercice de sa souveraineté, c'est commettre une injure gratuite; refuser d'interroger la nation, c'est manquer aux convenances, c'est blesser dans son amour-propre le peuple le plus susceptible du monde. Oui, la Grande Nation doit être interrogée sur les événemens de juillet; elle a le droit d'exercer une fois sa souveraineté dans toute sa plénitude.

Fédération de la France.

Notre gouvernement représentatif repose sur trois pouvoirs distincts : le pouvoir législatif, le pouvoir judiciaire, le pouvoir exécutif ; mais aucun ne s'exerce dans toute sa plénitude, aucun ne représente réellement ce qu'il est appelé à représenter.

C'est par le pouvoir législatif que le peuple exerce sa souveraineté ; mais le peuple est-il représenté suffisamment par deux cent mille privilégiés, sur trente-deux millions d'habitans ? Le pouvoir législatif est-il complet, s'il n'a point l'initiative ? est-il souverain, si deux *veto* viennent arrêter la promulgation d'une loi qu'il fit dans sa sagesse ?

Il suffit de jeter les yeux sur les articles qui traitent du pouvoir judiciaire, pour que l'intelligence la plus ordinaire comprenne jusqu'à quel point peut être poussé l'abus des mots. La Chambre des pairs est-elle la haute cour de justice pour avoir jugé Ney et Polignac ? constitue-t-elle un pouvoir réel, si la nomination des juges n'émane point de sa souveraineté ?

Le même vice se rencontre dans le pouvoir exécutif. Le ministère qui le représente ne se trouve-t-il pas comme paralysé par les cent bras de la Chambre ? son existence n'est-elle pas comme liée aux fluctuations annuelles de la majorité ? et pourquoi ne peut-il agir dictatorialement, lorsque des circonstances impérieuses le demandent ?

Je vais examiner sévèrement chaque pouvoir : je lui donnerai tout ce qui lui appartient ; je le dépouillerai de tout ce qui n'est point dans son essence. Les peuples ne se gouvernent plus à l'aide de vaines promesses et de mots vides de sens : la réalité seule les séduit ; et un gouvernement libre est un gouvernement de vérités.

Pouvoir législatif.

C'est par le pouvoir législatif que s'exerce la souveraineté d'un grand peuple. Il se réunit, se communique ses besoins, arrête la manière d'y pourvoir, et confie à d'autres mains la prérogative de faire exécuter ses lois.

Une assemblée de deux cent mille personnes, sur trente-deux millions de citoyens, ne saurait être une assemblée générale et souveraine : ce serait abuser des mots, ce serait continuer le gouvernement des promesses.

Le peuple ne sera réellement représenté que lorsque les assemblées primaires auront choisi les électeurs qui devront nommer des députés. Alors seulement la députation sera l'expression de la majorité ; alors seulement les masses exerceront par leurs mandataires leur autorité souveraine.

Lorsqu'on raisonne froidement, sans peur, sans complaisance, on comprend avec facilité que la Chambre d'aujourd'hui n'est qu'une Chambre illégale ; qu'un intervalle de quarante ans nous sépare du mois de juillet, et que le

mandat des *deux cent vingt et un* est nécessairement expiré. S'il fallait pousser le raisonnement
plus loin, je dirais que tout périt dans une révolution ; que la nation seule reste debout au milieu
des ruines. Existerait-il encore quelque nouveau
privilége en faveur des élus du double vote ? La
crainte du parti républicain empêche non de
comprendre, mais d'admettre ce raisonnement.
Je crois connaître les différens partis qui pro-
fessent l'opinion libérale ; et je déclare, avec
conviction, que les bonapartistes sont beaucoup
plus nombreux que les républicains. Je suis
persuadé qu'il n'y a pas dans Paris mille républicains par principes, et qu'il n'y en a pas
cinquante par département. Si le parti républicain se montre parfois avec une certaine
influence, ce n'est qu'à la suite des nombreuses
fautes des monarchiques.

Revenant à mon sujet, je dis que tout ce qu'a
fait la Chambre est provisoire ; et qu'un provisoire
de six mois est une monstruosité dans un moment
où les mille événemens de la veille précèdent
les mille événemens du lendemain.

Nous serons sous l'empire de la nécessité,
jusqu'à ce que la souveraineté populaire, pro-
clamée en juillet, se soit manifestée d'une
manière légale. Louis-Philippe est réellement

dictateur; c'est de la nécessité seule qu'il reçoit son existence et son appui; mais tout doit fléchir devant elle. Aussi grand que les circonstances, qu'il se recueille en lui-même, qu'il renvoie les députés du double vote pour appeler la nation à son aide, pour l'interroger, afin qu'elle se donne les lois, le souverain qu'elle aime, et qu'un vote légal n'a point encore confirmé.

De quelle manière interroger la nation sans loi électorale? La réponse me semble facile. Pour plaire à un souverain, il faut faire ce qu'il veut; pour savoir ce que veut le peuple, il faut examiner ce qu'il a fait. Ce n'est que dans ses actes que l'on peut chercher un modèle. Partout où la Garde nationale est organisée, chaque compagnie se réunirait sous la présidence de son capitaine, et procéderait à la nomination des électeurs, avec cet admirable instinct qui présida à son organisation, au choix de ses officiers. Les personnes que leur âge et la nature de leurs fonctions exceptent de la Garde nationale, seraient naturellement appelées à cette élection populaire, générale, souveraine.

Dans les lieux où la Garde nationale n'est point organisée, la moitié des plus imposés, ayant vingt-cinq ans d'âge, se réunirait en assemblée primaire, sous la présidence de son

maire , et procéderait , comme la Garde nationale , à la nomination des électeurs. La moitié
des plus imposés formera à peu près le dixième
de la population , c'est-à-dire , un nombre égal
à celui de la Garde nationale , dans les lieux où
elle est organisée.

Les électeurs ne pourraient être choisis que
dans la liste du jury ; mais ils auraient le droit
de choisir pour député celui qui leur paraîtrait
le plus digne.

L'assemblée ainsi nommée serait l'expression
du vœu national ; elle serait réellement souveraine. Dès qu'elle serait réunie , la dictature ces-
serait , et la royauté confirmée recommencerait
héréditairement et à tout jamais.

Après avoir constitué le pouvoir exécutif , la
Chambre s'occuperait sérieusement et lentement
de l'organisation de la pairie et de l'adoption
d'une constitution. Peut-on s'empêcher de rire
de l'inconcevable légèreté de ceux qui pensent
que l'on fait légalement dans un jour un Roi et
une Charte ! Ont-ils oublié que Montesquieu
médita pendant vingt ans son *Esprit des Lois ,*
et que Numa fut quarante ans à jeter les bases
de la grandeur romaine ? Ayons la force d'en
convenir, notre impétuosité française a toujours
le soin de placer une folie à côté d'un prodige.

Le pouvoir législatif devant s'exercer dans toute sa souveraineté, une loi serait considérée comme loi de l'État, lorsqu'elle aurait été discutée et votée, pendant trois sessions consécutives, par la Chambre des députés ; le Roi et la Chambre des pairs ne pouvant opposer leur *veto* que pour le vote des deux premières sessions.

La Chambre des députés se réunirait à des époques fixes et sur la convocation de son président. Le Roi pourrait convoquer la Chambre extraordinairement, hors l'époque fixée pour les sessions annuelles. La Chambre serait permanente ; une commission la représenterait pendant l'intervalle que laissent entre elles les sessions ordinaires.

Ces différentes prérogatives, jointes à l'initiative pour la proposition des lois, feraient de la Chambre un pouvoir législatif indépendant, complet, souverain.

Pouvoir fédératif et judiciaire.

Les événemens de juillet nous ont appris deux grandes vérités : l'influence de la Chambre, à la nomination de laquelle le peuple avait participé ; la nullité de la pairie, d'une origine tout arbitraire.

La création de la pairie ne repose que sur quelques mots vides de sens. On a voulu constituer un corps aristocratique puissant, et on ne lui a confié l'exercice d'aucun pouvoir; on l'a décorée du nom de *pouvoir judiciaire*, et non-seulement elle ne juge point, mais elle ne participe pas même à la nomination des juges. Elle n'a qu'un seul privilége qui lui soit particulier, l'hérédité ; et l'hérédité semble n'être plus dans nos mœurs.

Cependant un corps aristocratique fortement constitué me semble nécessaire à l'harmonie politique, à la prospérité d'une grande nation. Rome et l'Angleterre désirèrent, l'une la conquête du monde, l'autre la domination des mers : elles surent y parvenir, parce que tout est possible aux peuples qui savent vouloir pendant des siècles. Les corps aristocratiques des patriciens et des pairs participèrent aux destinées de ces deux grands empires.

Si la France avait des principes politiques fixes, qui pourrait prévoir ses destinées? Nul peuple ne commence avec plus d'ardeur l'exécution d'un vaste projet. Comment se fait-il que nous restions comme en arrière d'une autre nation qui vient de nous proclamer le premier peuple du monde? Je ne puis l'expliquer que d'une seule manière : nous manquons d'un corps aristocratique assez bien organisé pour pouvoir comprendre et *retenir* le vœu d'un grand peuple. Les masses savent démêler leurs véritables intérêts; l'instinct seul leur suffit; mais elles se laissent facilement rebuter par les difficultés que présente l'exécution d'un grand projet. Elles l'abandonnent, si un corps aristocratique populaire, influent, laissant passer le moment de l'hésitation, ne recommence avec une nouvelle ardeur la marche qui n'avait été que suspendue.

Les intérêts de la France réclament un corps aristocratique populaire, éclairé, puissant, durable. Pour que la nouvelle pairie soit populaire et éclairée, il faut qu'elle vienne du peuple, et que le même peuple participe à sa création. Elle ne saurait être puissante et durable, si elle ne représente pas un pouvoir judiciaire complet, si ses membres ne sont pas nommés à vie, ou s'ils ne sont pas héréditaires.

Je propose de composer la nouvelle Chambre de pairs à vie et de pairs héréditaires. Il y aurait quatre pairs à vie, pour chaque pair héréditaire. Parmi les pairs à vie, deux seraient nommés par le peuple, les deux autres seraient nommés par le Roi. Le Roi seul pourvoirait aux pairies héréditaires qui deviendraient vacantes ; mais il ne pourrait choisir le nouveau titulaire que parmi les anciens pairs à vie.

Il y aurait autant de pairs héréditaires qu'il y aurait de pairies en France. Un exemple me fera mieux comprendre.

La fédération des États-Unis se compose d'un grand nombre de petites républiques ; le nombre de ces républiques est illimité, il peut s'accroître à l'infini ; et le moment n'est pas éloigné où cet empire possédera une surface habitée égale en étendue à l'Europe tout entière.

Au lieu de former une fédération de républiques, changeons les noms, créons une fédération de petites monarchies. Deux départemens formeront une vice-royauté ; le Roi nommera pour chef un pair qui recevra héréditairement sa nouvelle dignité. Les attributions de ce pair seront plus étendues que celles des préfets. Il nommera exclusivement à toutes les places qui s'exercent dans l'intérêt de la localité qu'il administre. Les maires, les sous-préfets, les ingénieurs de département, les vérificateurs des poids et mesures, les commissaires de police, etc., seront les hommes de son choix. Chaque pairie aura son budget; elle pourvoira à l'entretien de ses routes, elle en ouvrira de nouvelles, etc.; enfin elle s'administrera selon son bon plaisir.

Ainsi, nous verrons tomber cette monstrueuse centralisation, si chère au despotisme, si fatale aux provinces. Le département qui n'a point de routes dites royales ne sera plus obligé de compter annuellement des sommes considérables pour entretenir les routes royales des autres départemens. Le canal creusé dans l'intérêt de la Bretagne ne sera plus soldé par le Dauphiné. Il est vraiment curieux d'examiner en détail les vices de la centralisation. Je connais une commune qui paie annuellement cinquante mille francs de contributions directes, indirectes, etc.; compte fait pour un siècle, cette commune a payé cinq millions dans l'intérêt général; pendant ce même laps de temps, qu'a-t-on fait pour son intérêt particulier ? rien ou presque rien. Sa mairie tombe en ruines, ses chemins vicinaux sont impraticables ; et c'est à cent cinquante lieues que se trouve le droit d'y mettre un seul tombereau de gravier (1).

J'abandonne ces réflexions aux économistes, et je reviens à mon sujet.

Revêtu du commandement de la Garde nationale, le pair exercerait dans chaque localité un pouvoir qui tiendrait en quelque sorte de la royauté. Ce pouvoir immense deviendrait tyrannique s'il s'exerçait sans contrôle : un délégué

---

(1) Dans la commune de Chabeuil (Drome), la rivière rompit la digue qui protégeait les propriétés voisines. Peu d'argent eût suffi à la réparer ; mais le temps nécessaire pour la vérification des travaux par les ingénieurs, pour obtenir l'autorisation de les faire, pour ordonnancer la dépense, fut si long, que la rivière, qui ne sait point s'astreindre aux lenteurs administratives, revint une seconde fois et décupla les dommages.

Une digue avait été construite à grands frais par les propriétaires de la commune de Beauchastel (Ardèche), afin de mettre à l'abri de l'envahissement du Rhône leurs propriétés les plus précieuses : quelques empierremens et 2,000 francs étaient nécessaires pour consolider cet ouvrage si cher et si utile ; mais encore les lenteurs administratives ont été si excessives, que ce n'est que plusieurs années après que la réparation avait été reconnue urgente, et surtout que le Rhône, minant cette partie faible de la digue protectrice, l'eut crevée et causé un dommage cent fois plus grand que les frais nécessaires pour le prévenir, que toutes les formalités exigées se trouvèrent remplies, et que les malheureux riverains purent, à grand'peine et avec dix fois plus d'argent, relever les ouvrages qui auraient dû toujours les protéger ; sans le vice de la centralisation.

sera adjoint à chaque pair; il remplira les fonctions de ministre; il sera responsable. Tous les
actes de la pairie seront contresignés par lui.
Ce délégué sera nommé par le peuple, ou plutôt
par les électeurs, de la même manière qu'ils
choisissent un député.

Ainsi, le délégué sera le véritable administra-
teur de la province; le pair ne le sera que de
nom. Les pairies formeront tout autant de petites
républiques monarchiques, fédérées entre elles
pour former un seul et vaste empire.

Je vais parler des rapports de chaque pairie
avec les ministres. Ceux-ci conserveront la haute
direction de la marine, de la guerre, de la police,
des finances; ils nommeront les officiers de terre
et de mer, ceux de la gendarmerie, les procureurs
du Roi, les receveurs généraux. Enfin, chaque
pairie aura son administration locale, sans pouvoir se donner de nouvelles lois, sans pouvoir se
soustraire à l'influence des ministres du seul Roi
des Français, pour tout ce qui se rattache aux
intérêts généraux de la France.

Si un pair venait à s'écarter de la ligne de ses
devoirs, les ministres pourraient le suspendre,
et la Chambre des pairs choisirait un de ses
membres pour le remplacer; mais à la mort du
pair suspendu, son fils seul pourrait lui succéder.

Si la division se mettait entre le pair et le délégué, si l'administration de la province venait à en souffrir, les ministres révoqueraient les fonctions du délégué, et le délégué révoqué ne pourrait être réélu par le peuple.

Si le pair se révoltait contre le gouvernement du Roi, les ministres déclareraient la pairie en état de siége, et l'administreraient dictatorialement jusqu'à ce que tout fût rentré dans l'ordre.

La Chambre des pairs, comme cour judiciaire, nommerait à toutes les fonctions inamovibles de la justice. Cette prérogative serait exercée par son président, et ce président serait nommé par le Roi, sur la présentation de trois candidats.

Ce nouveau mode d'organisation ferait nécessairement de la pairie un pouvoir judiciaire indépendant, complet. La pairie, nommée en partie par le peuple, toujours en contact avec le peuple, serait nécessairement populaire ; elle serait puissante, puisque l'administration de la France entière lui serait confiée.

Cette grande influence de la pairie ne saurait compromettre la liberté, si les délégués du peuple contrôlent tous les actes des pairs. Je dis plus, nous ne jouirons de toutes les consé-

quences d'une liberté vraie , que lorsque la création d'une puissante aristocratie aura fait cesser
les craintes des ministres.

A l'aide de cette organisation , nous aurions
de véritables républiques monarchiques , c'est-
à-dire que le peuple serait réellement gouverné,
comme dans une république , par ses élus , *les
délégués ;* et le gouvernement s'exercerait sous
le patronage d'un pair héréditaire , comme dans
les monarchies.

Pouvoir exécutif.

Le pouvoir chargé de faire exécuter les lois est celui qui élève le plus haut dans l'opinion publique ceux qui en sont investis ; mais c'est aussi celui où les plus puissans génies perdent le plus promptement toute leur popularité. Ce pouvoir, s'il est juste, se fait aimer quoiqu'il s'exerce avec sévérité ; on hait l'abus, on méprise la faiblesse. La confusion qui y règne aujourd'hui l'entrave, au lieu de l'aider. Les ministres eux-mêmes se trouvent embarrassés dans l'exercice de leur pouvoir despotique ; ils comprennent toute la faiblesse de leur isolement. La liberté les effraie, et les débordemens de la démocratie sont le spectacle quotidien dont leurs yeux se repaissent, comme malgré eux. Aussi, voyez avec quelle précaution, avec quelle parcimonie, ils procèdent au développement de nos institutions libérales. Que l'on ne s'y trompe point, les ministres à venir seront dominés par la même crainte ; ils tiendront la liberté en tutelle, malgré la clameur publique, tant qu'ils n'auront pas un contre-poids à lui opposer.

Ce contre-poids nécessaire ne saurait s'établir qu'en fortifiant les autres pouvoirs, aux dépens de celui des ministres. Ce sacrifice, loin de leur nuire, leur donnera comme une nouvelle existence. Je les compare à une malade qui se meurt de pléthore, et qu'une saignée rend à la vie.

En partant des principes posés plus haut, le pouvoir exécutif ne pourra plus opposer son *veto* à la promulgation d'une loi ; il ne participera plus au pouvoir judiciaire, en nommant les juges ; enfin, le dédale d'une administration communale cessera d'être l'écueil où il vient se perdre chaque jour.

Pour compenser tant de pertes, je vais le fortifier par la dictature, je vais le grandir, en le dégageant des cent bras de la Chambre élective.

C'est avec raison que l'on a blâmé l'article 14 de la Charte de Louis XVIII, parce que, confondant tous les pouvoirs, elle ne devait en créer aucun dans toute sa plénitude ; mais si les députés font souverainement les lois, si la cour des pairs les applique avec une entière indépendance, la royauté doit être revêtue de la dictature. Dans ces circonstances difficiles, où l'ordre social se trouve comme bouleversé, lorsque les lois elles-mêmes se taisent, une main vigoureuse doit s'emparer de tout, pour pouvoir tout conserver. Cette immense prérogative n'a qu'une seule limite, sa durée ; elle peut se prolonger pendant deux ou trois mois ; mais dès que l'orage est passé, l'exercice de chaque pouvoir reprend son cours ordinaire.

L'organisation actuelle du conseil le met à la dévotion de la Chambre. Ces deux ennemis, toujours en présence, s'entre-choquent sans cesse, et le ministère doit périr dans une lutte inégale.

Je hasarderai une composition nouvelle du conseil ; j'essaierai d'arracher le ministère à la tutelle de la Chambre ; je le rendrai plus fort, sans le rendre tyrannique.

Je m'explique par un exemple. Le pouvoir exécutif se composera du Roi, de quatre directeurs, de sept ministres.

ROI.

LOUIS-PHILIPPE Ier.

DIRECTEURS.

CICÉRON, PÉRICLÈS, ANNIBAL, AUGUSTE.

MINISTRES.

ARISTIDE, PLINE,	NECKER, COLBERT,	FABIUS, DORIA,	NUMA,
JUSTICE. INSTRUCTION.	FINANCES. INTÉRIEUR.	GUERRE. MARINE.	EXTÉRIEUR.

Les porte-feuilles appartiendront aux ministres, comme aujourd'hui ; mais au lieu de travailler avec le Roi, ils travailleront avec leurs directeurs respectifs. Ainsi Aristide et Pline travailleront avec Cicéron pour tout ce qui tient à l'instruction publique, à la justice.

Lorsque Aristide voudra procéder à un acte important de son ministère, il soumettra son projet aux directeurs Cicéron, Annibal, Périclès, Auguste. Aristide aura voix délibérative dans ce conseil, chaque fois qu'il agitera des questions relatives à la justice. Ce que je dis d'Aristide, je le dis des autres ministres. Le conseil supérieur se composera toujours de quatre directeurs et d'un ministre.

Les ministres seront responsables, et ne pourront être mis en jugement que sur la demande des députés.

Les directeurs seront responsables ; mais ils ne pourront être mis en accusation que sur la demande de la Chambre des pairs.

Les directeurs modifieront le ministère, selon les besoins de la Chambre ; cette modification peut se renouveler plusieurs fois par an, sans que l'esprit du pouvoir exécutif vienne à changer. Il peut marcher d'un pas ferme vers l'accomplissement d'une grande pensée ; cependant, si sa marche devenait contraire aux intérêts de la nation, la Chambre pourrait forcer la retraite du directoire, en refusant le budget.

Mon intention ne pouvait être de placer entièrement le pouvoir exécutif hors de l'influence de la Chambre élective ; j'ai voulu seulement le soustraire à cette influence directe, annuelle, qui semble confondre les pouvoirs exécutif et législatif.

Un président de conseil, sans porte-feuille, ne saurait remplacer avantageusement le directoire ; parce que les hommes de génie sont rares ; parce que le plan d'un homme de génie cesse d'être le plan de l'homme de génie qui lui succède. Un génie ne se met pas à la suite des événemens ; il les crée, afin d'en tirer plus surement le meilleur parti.

Quatre personnes capables, sans porte-feuille, créant la direction d'un ministère, ne procéderont qu'avec maturité, parce que le temps ne leur manquera pas. Ennemis naturels des projets où l'imagination domine, leurs plans, leur marche se lieront si bien avec les événemens, que quiconque essaierait de les changer verrait bientôt disparaître toute sa popularité.

Dégagé de tous les détails de l'administration, le directoire n'embrassera que les généralités ; il

imprimera aux affaires une marche plus régu-
lière , plus homogène ; les travaux du ministère
passé ne seront plus annihilés par le ministère
à venir. Enfin, le souverain prenant une moindre
part à la direction de la politique , se trouvera
nécessairement placé dans un lieu plus élevé ,
plus inaccessible , plus inviolable.

A mes yeux , le Roi c'est l'étendard perpétuel
autour duquel tous les amis de l'ordre viennent
se rallier dans les circonstances difficiles ; c'est
l'ancre du salut contre la tempête. Supérieur à
toute ambition , le souverain n'adopte point telle
ou telle opinion politique ; et la royauté, placée
comme dans un sanctuaire, ne reçoit que des
hommages. Je voudrais que cette vérité devînt
populaire , et que dans les grandes solennités
une bannière précédât le cortége royal , avec
cette légende :

SYSTÈME ROYAL,

BONHEUR DU PEUPLE.

Je sais qu'après m'avoir lu , chacun se fera
de ma pensée une opinion différente; les uns ,
s'arrêtant à ce que j'ai écrit sur le pouvoir législatif, me traiteront de démocrate; d'autres , ne

pouvant me pardonner les nouveaux priviléges du pouvoir judiciaire, me peindront comme un aristocrate; la dictature fera crier à l'absolutisme; enfin, ceux qui ne sauront pas me répondre diront partout que je suis idéologue, anarchiste. Quant à moi, je me déclare républicain monarchique, ou, si mieux l'on aime, je suis républicain, moins les dissensions intestines, moins les guerres civiles, moins le sang.

J'ai essayé d'associer deux principes politiques qui, au premier coup-d'œil, semblent se repousser mutuellement ; le principe de l'élection et celui de l'hérédité. Pour faire taire les craintes des patriotes, j'ai laissé au peuple le choix de ceux qui le gouvernent réellement ; pour rassurer ceux qui redoutent les émeutes populaires, j'ai ajouté la dictature au pouvoir exécutif.

Fédération de l'Italie.

L'ÉCOLIER n'apprend qu'une seule chose de ses maîtres, l'art de devenir savant; et la France n'a tiré qu'un seul fruit de la première révolution, celui de savoir profiter de la seconde.

En 89, nous nous sommes insurgés contre les abus, sans tracer préalablement la ligne que le crime seul pouvait franchir; nous avons renversé le vieux despotisme, en laissant mille portes ouvertes pour le retour d'un despotisme nouveau; nous avons vaincu l'Europe, et nous n'avons pas su profiter de la victoire.

Nos pères supportaient impatiemment le joug du clergé : ses grandes richesses, consommées par quelques individus, nuisaient à l'aisance générale; la dîme n'était plus de droit divin; ils supprimèrent la dîme et vendirent les biens du clergé. Peu contens de cette victoire, les Jacobins voulurent forcer au mariage un corps qui tire toute sa force du célibat; ils voulurent imposer une croyance à ceux qui n'existent qu'en imposant leur propre croyance. Les prêtres protestèrent contre des prétentions iniques; on leur répondit par la mort et la déportation.

L'inégalité des conditions blessait la dignité de l'homme : les droits féodaux n'étaient qu'une monstruosité, on les abolit; mais les niveleurs ne tardèrent pas de s'emparer des biens des nobles, que protégeait la loi commune ; et les fortunes des simples citoyens vinrent s'engloutir dans cette ruine générale.

On voulait une république monarchique : bientôt la tête royale roula sur l'échafaud; avec elle, celles des Girondins et des meilleurs patriotes. La terreur couvrit la France entière d'un voile funèbre. Indignés de tant de maux, les hommes honnêtes désirèrent un sauveur : un despote nouveau se présenta ; chacun s'empressa de le soutenir.

Cependant les tyrans de l'Europe, craignant pour leurs trônes, résolurent d'étouffer la liberté au berceau ; quatorze armées marchèrent contre la France, et la France libre les battit. Mais le soldat qui méditait l'esclavage des siens résolut de s'y préparer par la conquête de l'Europe ; il la parcourut en vainqueur. Les peuples s'aperçurent bientôt qu'ils n'avaient fait que changer de maîtres ; et pour tirer parti de leur mécompte, les tyrans habiles firent entendre pour la première fois le langage de la liberté. A ce cri magique, l'Europe se réveilla ; elle renversa du même coup Napoléon, la France et la liberté.

Nous avons repris en 1830 le grand œuvre de 89. Instruits par l'expérience, notre dernière révolution a été pure de tout excès ; nous devons aujourd'hui l'organiser à l'intérieur, et l'asseoir sur des garanties assez fortes pour que nul soldat heureux ne puisse jamais songer à nous donner des fers ; nous devons arrêter d'avance le fruit de nos victoires, ménager avec habileté les intérêts des peuples affranchis, respecter leur indépendance, et nous les attacher par une alliance indissoluble. Si la prévoyance n'éclaire tous nos actes, le despotisme ramènera l'esclavage en divisant les peuples libres. Tel fut le triste sort des républiques de la Grèce : unies, elles résistèrent à toute la puissance du roi des Perses ; divisées, elles devinrent la proie facile de l'astuce d'un roi de Macédoine.

N'est-on pas autorisé à nourrir toutes ces craintes, lorsqu'on voit les réfugiés espagnols persécutés, lorsque les fidèles Polonais accusent d'infidélité notre mémoire, lorsque les Belges délibèrent s'ils se jetteront dans les bras de nos ennemis.

Dans les graves circonstances où nous nous

trouvons, chacun se doit à la patrie : je vais essayer de payer ma dette, en traçant un système de fédération pour l'Europe libre. Je commencerai par l'Italie.

Les Français s'imaginent quelquefois que les habitans de Turin et de Milan soupirent après leur retour ; c'est une erreur qui n'a d'autre source que notre vanité nationale. Les Italiens portent involontairement leurs regards vers les Alpes, parce que c'est de là que doit leur venir la liberté ; mais le vœu populaire, le besoin de l'Italie, c'est de ne former qu'une seule famille, qu'une seule nation grande et libre.

Les Italiens croient à la supériorité de leur langue, comme à la supériorité de leur musique ; fiers du Tasse, ils poussent la partialité jusqu'à nous refuser une poésie.

Rome est encore la capitale de l'empire chrétien, le centre de l'une des religions qui se partagent le monde.

Pour que les Italiens se réunissent franchement à une fédération européenne, pour que cette fédération ait l'assentiment populaire, il faut premièrement reconstituer la nation italienne ; il faut respecter sa langue, sa religion, ses mœurs, ses souvenirs, son indépendance. L'antique Rome sera sa capitale, son roi sera l'élu du peuple , et un conseil populaire veillera à ce que ses priviléges soient respectés par le centre commun de la fédération.

Il ne suffit point d'avoir garanti les intérêts généraux de la nation italienne , il faut encore s'occuper , avec la même sollicitude , des intérêts non moins chers à chaque localité. Plusieurs villes semblent se disputer la prééminence, et chacune veut conserver son importance particulière. L'esprit de domination s'était emparé à un tel point du peuple romain , que chaque ville se crut appelée à devenir le centre d'un vaste empire. Ainsi , Venise fut la reine de l'Adriatique ; les doges bâtirent Gênes la superbe ; Milan , Turin , Naples , Florence , eurent et ont encore des souverains particuliers.

Pour entrer dans l'esprit des habitans de ces villes, l'Italie sera divisée en tout autant de vice-royautés qu'il y a de villes importantes dans cette partie de l'Europe ; chaque État aura son budget particulier , son administration locale et tout-à-fait indépendante. Le chef de l'État sera l'élu du peuple ; il sera héréditaire et pair de la grande fédération européenne. Son administration sera contrôlée par le délégué du peuple, qui sera responsable. Ce pair héréditaire ne représentera pas seul l'État auprès de la fédération européenne ; le peuple lui associera un nombre déterminé de pairs électifs et à vie , ainsi qu'un certain nombre de députés qui siégeront à la Chambre élective. Enfin , les vice-royautés , ou pairies de l'Italie , auront , avec le centre commun de la fédération , les mêmes rapports que les pairies de la France auraient avec Paris.

Si l'on me demande quel sera le centre commun de la fédération européenne , je répondrai que personne ne peut le désigner définitivement, avant que l'organisation ne soit parfaite ; mais aujourd'hui Paris se trouve le centre commun par la force des événemens ; c'est là que la régénération commence, c'est de là qu'elle part pour envahir l'Europe et pour s'y affermir. Le sublime dévouement de Paris a placé cette ville comme au-dessus des autres capitales ; et l'héroïque cité s'est élevée si haut pendant sa Grande Semaine, que l'on ne saurait la louer dignement sans citer ses actes merveilleux.

Ainsi, les pairies de l'Italie relèveront de Paris, comme celles de la France ; elles veilleront elles-mêmes à tous leurs intérêts particuliers , en abandonnant les intérêts généraux de la guerre, de la marine , de la police , du commerce , aux soins de leurs pairs et de leurs députés réunis aux pairs et aux députés de toute la fédération européenne.

Les fonctions du roi d'Italie ne paraissent pas très-importantes au premier coup-d'œil, puisque son administration se borne à nommer la moitié des pairs électifs, à pourvoir aux pairies héréditaires que le temps rendrait vacantes, et à veiller, de concert avec son conseil, pour que le pacte fédéral soit exécuté. En examinant plus attentivement le résultat immédiat de ces prérogatives, on voit tout de suite que le roi assure l'unité italienne; il conserve à ce pays son nom, sa langue, sa religion, ses mœurs, ses pouvoirs, son indépendance, sa gloire nationale. La royauté ne sera point un vain mot pour l'Italie, puisqu'elle lui assure ses intérêts les plus chers.

Ce que je viens de dire sur l'Italie s'applique à l'Espagne, à l'Allemagne, à la Pologne. On reconstituera ces nations en leur donnant un roi, pour les subdiviser ensuite en pairies héréditaires relevant du centre commun de la liberté.

L'Angleterre elle-même sera invitée à faire partie de la nouvelle alliance des peuples. La Grande Bretagne est digne de participer à l'émancipation de l'Europe; l'intérêt du peuple, l'intérêt du haut commerce lui en feront une nécessité. Comme elle est essentiellement manufacturière, que deviendrait-elle, si la fédération prohibait ses produits? L'aristocratie territoriale peut résister, mais le moment n'est pas éloigné où elle doit se repentir d'avoir méconnu la voix prophétique de Canning.

Le fédéralisme que je propose convient à l'Europe, puisqu'il conserve à chaque peuple sa langue et son existence nationale, à chaque localité l'administration souveraine de ses intérêts de famille.

Le pouvoir judiciaire n'est point organisé de manière à inspirer des craintes pour la liberté, puisque les pairs héréditaires ne peuvent faire aucun acte sans le contrôle du délégué du peuple, puisqu'ils ne formeront qu'un cinquième de la Chambre des pairs, et que les autres quatre cinquièmes seront électifs.

Organisée comme je le propose, la pairie formera un corps aristocratique populaire, puisque le peuple participera à sa composition; éclairé, puisque les quatre cinquièmes de ses membres seront électifs; puissant, parce que le pouvoir judiciaire lui sera confié, avec l'administration des intérêts de localité; enfin, il sera durable, puisqu'une partie de ses membres sera héréditaire.

Un corps ainsi organisé peut donner à la fédération des peuples libres toute l'extension qu'il lui plaira de lui donner. Son vouloir sera plus puissant que le vouloir du sénat de Rome, parce qu'il sera plus éclairé et plus raisonnable. Ce corps aristocratique ne périra point par le *statu quò*, parce que, l'élite de la fédération venant chaque année prendre place dans son sein, il sera forcé de marcher avec le siècle.

Conclusion.

Fruit des élucubrations du despotisme , le système politique de l'Europe , mettant en opposition tous les intérêts , perpétue nécessairement les guerres , les charges publiques , la misère et l'oppression des peuples. En traçant leur carte géographique , les tyrans eurent pour conseillers la vanité de quelques individus , l'avidité d'un gouvernement mercantile , l'orgueil d'un kan de Tartares. On méconnut les indications de la nature , la direction des montagnes , le cours des fleuves , les langues , la religion ; en un mot , tous les grands intérêts des nations furent foulés aux pieds. On divisa tout , afin que tout pût se heurter , s'embraser au premier choc. Grâce à ce système , le petit roi de Sardaigne campe en deçà des monts ; la Hollande , la Prusse , la Bavière foulent impunément le sól de la France ; le Portugais se maintient ennemi , au milieu de la péninsule , maîtresse de l'Amérique ; l'Allemagne morcelée gémit en silence sous le joug de ses mille tyrans; l'Irlandais maudit ses maîtres avares ; le Polonais , l'Italien vont réclamant une patrie. Tant de monstruosités produisent leurs fruits. Mille intérêts divers se trouvant chaque jour en présence, les peuples froissés s'adressent à leurs maîtres pour venger leurs griefs ; la guerre commence, l'orgueil national s'épuise pour la soutenir ; enfin, la misère croissant avec les charges publiques, les trônes sont raffermis, et les souverains accordent quelques momens de relâche à leurs héroïques sujets.

Tel est le triste abrégé de l'histoire du monde. Les fastes des peuples, ce sont leurs guerres ; ces guerres traînèrent toujours à leur suite le ravage et l'oppression. Cependant un nouveau système grandit par-delà des mers ; la raison le conçut, une assemblée de sages l'adopta. Sur cette terre promise commence l'alliance des peuples ; l'intérêt n'y divise point les nombreuses provinces, il les réunit. Leurs conquêtes, c'est l'abondance ; leur gloire, la liberté ; leur patrie, l'Amérique.

Ce grand exemple serait-il perdu pour nous ? ne saurait-on le modifier selon nos mœurs et notre antique civilisation ? Si j'en crois mes pressentimens, la liberté s'avance d'un pas ferme et sûr ; les mêmes mains qui affranchirent l'Amérique se préparent à délivrer l'Europe. La terre des braves interroge ses forces ; chaque peuple est las de fléchir le genou, l'idole sera renversée.

Reine de la liberté, la France tient dans ses mains le levier d'Archimède. Nul ne saura s'opposer à son action puissante. Déjà les tyrans, muets d'effroi, se regardent de dessus leurs trônes ébranlés. L'indécision règne dans leurs conseils. Maintiendront-ils la paix ? cinq mois de paix ont renversé cinq têtes couronnées, et la liberté, rapide comme l'incendie, projette son embrasement sur un espace de six cents lieues. Feront-ils la guerre ? l'indécision des chefs gagne tous les guerriers ; ils semblent dédaigner d'avance les lauriers qui asservissent les peuples. Eh ! quelle gloire y aurait-il pour eux à grossir le nombre des esclaves de leurs maîtres. Cependant la guerre est la mère des tyrans ; elle est leur dernière espérance. Ainsi, les vieilles idées vont avoir pour protecteur un homme de trente ans ; le champion de la légitimité va s'élancer de son trône rouge de sang, laissant derrière lui un frère et des cadavres russes ; le despotisme promettra des honneurs, au nom de celui que ses armées virent fuir loin des Balkans, avant de se réconcilier avec la victoire. Oui, qu'il vienne l'homme du malheur ! c'est dans ses mains que doit se briser le dernier sceptre de l'absolutisme ; qu'il s'avance lui-même, et quel que soit le courage de ses guerriers, il n'obtiendra pas même l'honneur d'avoir disputé la victoire.

Plus heureuse, la France fixe les regards du monde; les félicitations de tous les peuples lui rendent à l'envi cette considération que chaque Français n'a jamais cessé de réclamer pour lui-même; leurs vœux unanimes l'appellent à une victoire facile. Toujours fidèle à la voix de l'honneur, la Grande Nation s'ébranle; elle entre dans la lice, avec ses hymnes patriotiques et ses millions de guerriers équipés à leurs frais. Le Roi de leur choix les commande; c'est celui que les cieux favorables tenaient en réserve pour leurs besoins; ils le bénirent dans sa nombreuse famille.

France! prête l'oreille...... le bruit des armes s'entend dans le lointain.

Ouvre tes temples, chante l'hymne de tes braves! pour eux le jour du combat n'est qu'un jour de fête.

Déjà tes guerriers se précipitent dans l'arène... porte-leur des armes; les peuples les appellent au secours de la liberté.

Elle triomphera!..... mais après la victoire, qu'il t'en souvienne!.... tu dois la partager.

FIN.

www.ingramcontent.com/pod-product-compliance
Lightning Source LLC
Chambersburg PA
CBHW061642060726
47597CB00005B/2018